# Como quitar suas dívidas

Direção editorial: Simone Paulino

Projeto gráfico e diagramação: Terra Design Gráfico

Editora-assistente: Silvia Martinelli

Redação: Maíra Viana

Revisão: Assertiva Produções Editoriais

Impressão: Intergraf Ind. Gráfica Ltda.


Av. Paulista, 726 – cj. 1210 – 12º andar
Bela Vista – CEP 01310-910 – São Paulo – SP
Tel.: 11 3177-7800 – Fax: 11 3177-7803
www.dsop.com.br

**Dados Internacionais de Catalogação na Publicação (CIP)**
**(Câmara Brasileira do Livro, SP, Brasil)**

Domingos, Reinaldo
Como quitar suas dívidas / Reinaldo Domingos ; redação Maíra Viana. -- São Paulo : DSOP Educação Financeira, 2012. -- (Coleção dinheiro sem segredo ; v. 1)

ISBN 978-85-63680-67-9

1. Dinheiro 2. Finanças 3. Finanças pessoais 4. Finanças pessoais - Planejamento 5. Orçamento I. Viana, Maíra . II. Título. III. Série.

12-15153 CDD-332.6

Índices para catálogo sistemático:

1. Educação financeira : Economia 332.6

DINHEIRO SEM SEGREDO

# Como quitar suas dívidas

REINALDO DOMINGOS

dsop

# Sumário

**Apresentação** .................................................... 08

## O tamanho do problema

Caindo na real: eu tenho dívidas ................................ 13

É hora de diagnosticar a sua saúde financeira ............ 16

Descubra o valor real de cada dívida .......................... 19

O sonho não acabou ................................................ 21

## Você no controle

Repense o seu orçamento mensal ............................. 27

As estratégias para sair das dívidas ........................... 30

Aproveite o troca-troca da portabilidade de crédito .... 32

Quando a negativação é a melhor estratégia .............. 35

## Atenção às armadilhas

Saia do endividamento para nunca mais voltar .......... 41

As ciladas do cartão de crédito e da compra parcelada ............................................................... 44

Diga não ao cheque especial........................................48

Você é realmente um consumista?...............................52

Dinheiro vivo ou dinheiro eletrônico? ..........................56

## Luz no fim do túnel

Quando e por que o apoio da família é fundamental....63

Você não é o único a passar por essa situação............ 66

Aprenda a viver com os rendimentos que possui.........68

**DSOP Educação Financeira** ....................................72

**Reinaldo Domingos** ..................................................74

# Apresentação

A Coleção **Dinheiro sem Segredo** foi especialmente desenvolvida para ajudar você e muitos outros brasileiros a conquistar a tão sonhada independência financeira.

Nos 12 fascículos que compõem a Coleção, o educador e terapeuta financeiro Reinaldo Domingos oferece todas as orientações necessárias e apresenta uma série de conhecimentos de fácil aplicação, para que você possa adotar em sua vida a fim de equilibrar suas finanças pessoais.

Questões como a caminhada para sair das dívidas, a realização de sonhos materiais como a compra da casa própria e a melhor forma de preparar uma aposentadoria são abordadas numa leitura fácil, saborosa e reflexiva.

Os fascículos trazem dicas de como lidar com empréstimos, cheques especiais, cartões de crédito e financiamentos, todas elas embasadas numa metodologia própria, que já ajudou milhares de brasileiros a ter uma vida financeira melhor e a realizar seus sonhos.

Observador e atento, Reinaldo faz uso de tudo o que ouve em seu dia a dia como educador e consultor financeiro para explicar o que se deve ou não fazer quando o assunto é finanças. As dicas e ensinamentos que constam nos fascículos são embasados pela Metodologia DSOP, um método de ensino desenvolvido pelo autor que consiste em diagnosticar gastos, priorizar sonhos, planejar o orçamento e poupar rendimentos.

# O tamanho do problema

Caindo na real: eu tenho dívidas.

É hora de diagnosticar a sua saúde financeira.

Descubra o valor real de cada dívida.

O sonho não acabou.

## Caindo na real: eu tenho dívidas

O primeiro passo para sair de uma situação de crise é assumir para si mesmo que existe uma crise e que ela precisa ser controlada. Muitas pessoas costumam fechar os olhos para os problemas em vez de confrontá-los e, de repente, o que era apenas um pequeno apuro acaba por se transformar numa grande bola de neve.

Admitir para si mesmo que determinada área da vida saiu do controle é doloroso. No entanto, quando o foco dos seus problemas são as dívidas, uma coisa é fato: quanto mais tempo você levar para se conscientizar, maior será o seu prejuízo financeiro.

Portanto, se você tem prestações atrasadas, utiliza o cheque especial como se fosse seu dinheiro, costuma se apoiar em empréstimos como um "plano B" ou adotou o costume de quitar apenas o valor mínimo da fatura do cartão de crédito, não há dúvidas: você tem dívidas e, o que é pior, criou para si um círculo vicioso de péssimos hábitos que precisam ser combatidos urgentemente.

Há um raciocínio bem simples no mundo das finanças que gosto de expor nos cursos que ministro sobre educação financeira: quem tem prestações tem dívidas; quem tem dívidas paga juros; quem paga juros realiza menos sonhos. Na maioria dos casos, o processo do endividamento começa com pequenas quantias, tão mínimas que as pessoas acabam fechando os olhos, não atribuindo muita importância a elas. É mais fácil fingir que não está vendo do que arregaçar as mangas e pensar em tomar alguma providência.

Passado algum tempo, o velho costume de “empurrar tudo com a barriga” faz com que as pessoas acabem se enrolando num emaranhado sem fim de endividamentos. Quando se dão conta de que a situação está crítica, ainda assim, muitas vezes, “deixam para amanhã o que podem fazer hoje”, conforme dita o provérbio popular.

O que acontece depois é que esse “amanhã” nunca chega e nenhuma providência é tomada. O tempo vai passando e a situação vai se tornando cada vez mais crítica até o dia em que o endividado olha em volta, bota a mão na cabeça e se pergunta: “Meu Deus, a que ponto cheguei?”. A partir daí, a crise já está instalada e numa gravidade difícil de ser revertida. O sujeito perde a casa, o carro e já não tem mais controle nenhum sobre a sua vida financeira.

Para que isso não aconteça com você, meu conselho é estar sempre de olho na quantidade de prestações incluídas no orçamento, nos juros que se acumulam quando você decide pagar a parcela mínima do cartão de crédito ou mesmo quando opta por realizar uma compra a prazo. Essas e outras decisões financeiras, que muitas pessoas costumam tomar sem pensar no amanhã, podem se transformar numa verdadeira bola de neve se você não estiver bem atento e no controle das suas finanças.

Por tudo isso, eu recomendo que você se mantenha vigilante, acompanhando a movimentação das suas finanças periodicamente e, quando algo lhe parecer estranho e você detectar sinais de um pequeno apuro, abra bem os olhos. Aproveite o momento de alerta para fazer uma revisão orçamentária das suas receitas e despesas, pois só assim você poderá evitar um problema futuro.

Ao repensar suas ações no que se refere às finanças, caso encontre um "foco de incêndio", não se desespere e dedique-se a contorná-lo para que não ocorram danos maiores. E, se o fogo já tiver se alastrado, não hesite em pedir ajuda. Acione todos os auxílios possíveis e não tenha vergonha em admitir que a coisa saiu do controle. Os mais fortes são aqueles que possuem a humildade de entender que não podem dar conta de tudo e que, de vez em quando, é preciso pedir ajuda.

Se você leu até aqui e acha que este não é o seu caso, pois a sua saúde financeira "vai muito bem, obrigado", eu lhe pergunto: será mesmo? Para tirar isso a limpo, seria bom realizar um diagnóstico preciso dos caminhos que o seu dinheiro anda fazendo. Tendo em mãos um raio X minucioso é possível não só confirmar o status da sua situação financeira atual como também evitar danos a longo prazo. Vamos lá?

# É hora de diagnosticar a sua saúde financeira

Para sair das dívidas é preciso, antes de tudo, conhecê-las bem. Não adianta se embasar em "achismos" na hora de estabelecer as estratégias para sair do endividamento. Tem gente que costuma dizer: "Ah, eu acho que estou devendo mais ou menos x".

As pessoas ficam tentando puxar pela memória os totais de cada dívida que possuem e simplesmente chutam um número aproximado – às vezes, nem isso – do que seria o seu saldo devedor. Saber com precisão o tamanho do problema é importante para que você possa encontrar maneiras coerentes e bem-sucedidas de solucioná-lo. Portanto, elabore um diagnóstico da sua saúde financeira o quanto antes.

Na prática, isso significa que você precisa colocar tudo na ponta do lápis. Quando passamos as coisas para o papel, conseguimos enxergar com mais clareza qual é a real situação em que nos encontramos. Se você me perguntar: "Mas, Reinaldo, eu não acho que estou precisando diagnosticar as minhas finanças. Tenho dívidas, mas elas estão controladas". Então, eu respondo que, se você não tem nada a temer, o que custa fazer essa análise e constatar que tudo vai bem?

Para realizar um diagnóstico preciso, o primeiro passo é tomar nota de todas as suas dívidas, vencidas e não vencidas, detalhando seus valores e organizando-as numa lista. Faça uma grande varredura e não deixe escapar nada. Adote uma ordem para relacionar as dívidas na sua lista. As que devem ser quitadas com maior urgência devem estar no topo e as de menor urgência podem ser dispostas logo abaixo, uma por uma.

Você deve selecionar as dívidas com prioridade máxima para pagamento como aquelas que chamamos de essenciais. São as despesas com serviços dos quais você não pode prescindir, como: água, energia elétrica, gás, entre outros. Em seguida, logo após as dívidas essenciais, insira em sua lista as dívidas que possuem bens em garantia como imóveis e automóveis e depois as que possuem maior taxa de juros. Aos poucos, dissecando item por item da sua vida financeira, você vai conseguindo visualizar de um modo mais claro a sua condição atual.

Dando continuidade ao seu diagnóstico, anote ao lado de cada dívida um valor que você está disposto a pagar por mês, em parcelas, para saldá-la. Na sequência, escreva também, considerando os valores propostos, em quantos meses cada dívida será quitada. Calcule as taxas de juros provenientes de suas escolhas e faça simulações até chegar num valor confortável, que caiba dentro do seu orçamento. Lembre-se: não adianta nada negociar com os credores e se comprometer com um acordo que, depois, você não conseguirá bancar.

Feito todo esse processo, você terá em mãos – e bem diante dos seus olhos – um diagnóstico da sua saúde financeira. Mesmo que a situação lhe pareça caótica, não se desespere, pois para ter o controle sobre qualquer coisa na vida precisamos manter o equilíbrio e a serenidade. Só assim saberemos como e quando agir.

Gosto de afirmar que, em qualquer crise, há sempre uma maneira de sair dela. Como diz o ditado popular, "somente para a morte não há remédio". Portanto, sejam quais forem os seus rendimentos regulares, quase sempre é possível reajustar parcelas e valores para garantir a quitação das suas dívidas.

E, mais importante do que os meios que você vai usar para resolver essa questão, é imprescindível acreditar no que está se propondo a fazer e levar adiante o seu plano até que o objetivo final seja alcançado.

Por tudo isso, faço questão de reforçar que para quitar todas as suas dívidas é preciso fazer um diagnóstico que o auxiliará na construção de uma estratégia adequada ao seu caso e, principalmente, saber com precisão a forma de executá-la. Acredite no que está fazendo e procure se concentrar no seu objetivo: a porta de saída do mundo das dívidas.

## Descubra o valor real de cada dívida

Cada dívida tem um valor numérico exato para ser saldado. No entanto, é importante que você se pergunte qual é o valor verdadeiro de cada uma delas dentro da sua vida. Essa reflexão é importante para que, a partir daqui, você pense duas vezes antes de entrar em novos endividamentos.

Podemos classificar a efetivação das compras a prazo em duas categorias: as dívidas de valor e as dívidas sem valor. A casa própria, por exemplo, é uma dívida de valor, pois é um imóvel que representa uma ampliação no patrimônio financeiro e agrega também em qualidade de vida.

O investimento numa pós-graduação é mais um exemplo de dívida de valor, visto que a aquisição de conhecimento e uma melhor qualificação profissional podem lhe gerar, posteriormente, uma renda mensal mais alta, além de torná-lo uma pessoa com um nível de instrução mais elevado.

Quando o endividamento é feito em nome de algo que agrega valor em sua vida, o débito ainda se justifica, afinal, estamos falando de um investimento no seu crescimento pessoal, profissional ou financeiro. Porém, o grande problema da maior parte das pessoas é o enrosco financeiro por conta de dívidas sem valor, em que não há uma contrapartida relevante no que se refere à qualidade de vida, capacitação profissional ou mesmo enriquecimento pessoal.

Dívida sem valor é o resultado da compra de produtos ou aquisição de serviços que não agregam valor à sua vida. Normalmente são resultado de compras por impulso, como roupas, sapatos, móveis, aparelhos eletrônicos, entre outros produtos que, em pouco tempo, estarão gastos ou fora de moda ou ainda entrarão para o hall das coisas que você não usa mais porque já enjoou delas.

Na verdade, a lista de produtos caros e com pouca durabilidade é infinita. Já virou parte da rotina de muita gente adquirir coisas que não somam, de fato, nenhum valor às suas vidas. As pessoas vão se entupindo de bugigangas a todo instante, coisas que nem são fruto de um grande desejo ou sonho, e, quando caem em si, já é tarde demais para se desfazer delas.

Por tudo isso, é fundamental que haja uma reflexão sobre as dívidas que você adquiriu até aqui. De posse de suas anotações, que resultaram do seu diagnóstico, grife os itens da sua lista que realmente agregaram valor em sua vida e os que não agregaram. Chegou a hora de dar nome aos bois separando o que valeu a pena e o que acabou se tornando um peso morto no seu extrato bancário. Essa análise fará com que você repense os seus hábitos e também reavalie o que moverá os seus desejos daqui por diante.

## O sonho não acabou

O abismo do endividamento, além de ser prejudicial à sustentabilidade financeira das pessoas, é também motivo para que muitas delas sofram de certo desequilíbrio emocional. O medo da falência completa e de ter o nome inserido nas listas dos órgãos de proteção ao crédito faz com que as pessoas acabem vivendo num estado de tensão que em nada favorece o seu bem-estar.

Outro sintoma muito comum em casos de pessoas que contraem dívidas é a depressão. Sem poder pagar suas contas e, ainda por cima, impossibilitado de fazer mais compras, o sujeito vai desanimando, se sentindo cada vez mais impotente e fracassado, deixando-se levar por uma tristeza sem fim.

No entanto, esse tipo de postura diante de uma crise não ajuda muito se pensarmos que o objetivo é sair dela. Por isso, não se deixe abater pela situação presente. Por mais difícil que seja, olhe sempre para o futuro e acredite que poderá modificar o quadro atual, pois isso só depende de você. Mesmo que as condições financeiras sejam desanimadoras, o seu posicionamento diante delas e da vida deve ser sempre o do guerreiro que vai à luta e não desiste.

No processo de saída do endividamento, uma das coisas fundamentais que aconselho em meus métodos de ensino sobre educação financeira é que as pessoas devem manter seus sonhos vivos.

O desejo de realizar sonhos é que lhe dará força e energia para se manter de pé e iniciar a caminhada rumo à retomada do controle de suas finanças pessoais.

É recomendável que você escolha três tipos de sonhos para realizar: um de curto prazo, outro de médio prazo e mais um, de longo prazo. O primeiro você se propõe a conquistar em até um ano, o segundo pode ser alcançado em até dez anos e o terceiro deve ser concretizado tendo como meta um tempo acima de dez anos.

Sair das dívidas pode ser listado como um desses sonhos. Se você está endividado, não há nada mais acertado do que estabelecer como meta a retirada dessa âncora de seus pés. Sem dívidas, a caminhada rumo aos outros sonhos será muito mais leve e prazerosa.

Os sonhos devem ser prioridade em sua vida. E, para realizá-los, você precisa reter parte dos seus ganhos antes de gastá-los. Assim, você deve listar os seus três sonhos, bem como anotar ao lado de cada um o tempo em que pretende alcançá-los e quanto irá poupar por mês para concretizá-los de fato.

Imagino que a sua vontade neste momento seja a de me perguntar: "Reinaldo, como posso comprometer parte dos meus rendimentos todo mês para depositar numa poupança que se destina aos sonhos se eu nem tenho como bancar os meus custos atuais e, mais, as minhas dívidas?".

Pois bem, eu lhe digo que é possível fazer isso. E mais, talvez essa seja a sua única saída, pois para se livrar das dívidas você terá que poupar de qualquer forma e, sem alimentar outros sonhos, a sua mente esmorecerá aos poucos, não restando força alguma para prosseguir nessa empreitada.

Por mais que a sua situação esteja difícil, sempre é possível apertar o orçamento aqui e ali, de maneira que o seu dinheiro possa ser preservado em nome de algo construtivo. Tenho experiência de muitos anos nesse ramo e posso afirmar que sem um planejamento orçamentário que inclua o ato de poupar não é possível criar uma sustentabilidade financeira para a realização dos sonhos.

Portanto, mesmo que você esteja endividado até o pescoço, comece a poupar e passe a comprometer parte dos seus ganhos com um projeto saudável e eficaz que envolva a sua realização pessoal e o sucesso na busca pela concretização dos seus sonhos.

# Você no controle

Repense o seu orçamento mensal.

As estratégias para sair das dívidas.

Aproveite o troca-troca da portabilidade de crédito.

Quando a negativação é a melhor estratégia.

## Repense o seu orçamento mensal

Para quem tem dívidas, uma atitude primordial é rever o orçamento mensal. Se você está endividado e continua mantendo os mesmos gastos que vinha fazendo, não terá condições de reservar uma parte da sua renda para a negociação da quitação de seus débitos com os credores.

Seguindo a ideia de que sair das dívidas é o seu sonho prioritário neste momento, um montante dos seus ganhos deverá ser destinado a uma poupança. Dessa forma, você estará investindo numa nova maneira de organizar o seu orçamento.

Nela, a transferência de parte dos seus rendimentos será a primeira coisa a fazer assim que o dinheiro cair na sua conta. Com o restante dos valores você quitará as suas despesas corriqueiras.

Você deve estar pensando que, desse jeito, ficará impossível adequar receitas e despesas, mas eu lhe peço que confie no que digo. No começo, essa readaptação será difícil, porém, com o passar dos meses, você verá que o método funciona. Para que isso aconteça, você terá que se esforçar para colocar a sua vida financeira em dia. Será preciso "apertar os cintos" e abrir mão de pequenos prazeres dos quais você, porventura, vinha usufruindo em excesso.

E não venha me dizer que não há mais o que cortar das suas despesas, pois as "gordurinhas" de custos estão sempre lá, seja no valor da assinatura da TV a cabo ou nas guloseimas extras que acabam escorregando para dentro do carrinho no supermercado. Portanto, reavalie o seu orçamento, corte das despesas mensais tudo o que for supérfluo e, principalmente, inclua nele o valor total que irá poupar a fim de quitar suas dívidas. É fundamental que você assuma o controle do orçamento com base no qual terá que viver pelo tempo necessário para equilibrar a sua saúde financeira.

Procure seus credores e tente negociar um acordo para que o montante das dívidas possa ser parcelado. Mas lembre-se: proponha acordos financeiros pensando em números que caibam no seu bolso. Caso o seu credor não aceite um acordo que seja bom para você, recuse a proposta e opte por outra estratégia: poupar. Nessa escolha, a sua disciplina terá que ser grande, conforme já falamos. E acredite: você pode!

Todo mês, você deverá depositar na poupança o valor que havia considerado para o parcelamento da dívida que é, na verdade, a reserva que se comprometerá a separar para a realização desse sonho. Após o tempo transcorrido, com uma boa quantia acumulada você poderá procurar novamente o credor. Ele estará muito mais receptivo ao seu contato e você terá melhores condições de negociação tendo o dinheiro à vista para saldar o seu débito.

Nesse meio-tempo, pode ser que você seja contatado por empresas de recuperação de crédito que possuem uma margem grande para fechar acordos de quitação de dívidas com valores bem mais acessíveis. Falaremos disso mais adiante em detalhes.

Por enquanto, concentre-se na reestruturação do seu orçamento mensal e inclua nele a retirada dos valores para a concretização dos seus três sonhos. Com paciência e disciplina, seguindo os passos dessa metodologia você alcançará não somente a saída do endividamento como também a chance de realizar uma série de outros desejos, sem abalar o equilíbrio da sua saúde financeira.

# As estratégias para sair das dívidas

Para que você possa retomar o controle da sua vida financeira, aí vai uma dica fundamental: pensar antes de agir. Não adianta nada sair pagando aleatoriamente uma conta atrasada aqui e outra acolá, sem um critério preestabelecido. Isso não resolverá o seu problema.

Para sair das dívidas, você precisa colocar em prática um planejamento estratégico. O diagnóstico que você já fez da sua saúde financeira servirá de guia para que algumas decisões possam ser tomadas. A nova maneira que você estabeleceu para traçar o seu orçamento mensal também será fundamental daqui por diante.

Para se livrar de uma vez por todas desse mal que é o endividamento, uma das estratégias que mais costumo sugerir às pessoas que me pedem orientação é: converse com o seu gerente. Ele pode ser um grande aliado nessa sua jornada. Procure-o em um momento oportuno e apresente o seu diagnóstico financeiro, que é uma radiografia das suas condições financeiras reais.

Veja com ele quais são as possibilidades de fechar um pacote que reúna as dívidas de cheque especial, cartão de crédito e demais empréstimos, se houver. Dessa forma, você estará rompendo com a cobrança dos juros sobre juros, uma atitude fundamental para estancar o acréscimo desgovernado dos valores das suas dívidas.

A partir da negociação feita com o seu banco, você começará a pagar mensalmente não apenas os juros acumulados, mas também parte do valor principal da dívida. Sendo assim, com o passar de algum tempo, ela será finalmente saldada.

Nessa estratégia é importante considerar que caso você atrase o pagamento de uma das parcelas do acordo feito com o banco, estará novamente voltando a pagar juros. Portanto, se não houver condições de assumir o valor da prestação acordada, não aceite a negociação proposta pelo banco.

## Aproveite o troca-troca da portabilidade de crédito

Os agentes multiplicadores das dívidas, como já vimos, são os juros. Basta atrasar um pagamento e pronto, a epidemia parece se instalar, gerando uma crise sem limites. O que poucas pessoas sabem é que a taxa de juros varia dependendo do momento econômico em que o país se encontra, e a oscilação desses índices pode ser grande e fazer diferença nas finanças de cada um.

Dados como esse, tão importantes, passam despercebidos pela maioria das pessoas. Outras informações sobre o mundo da economia também podem ser de extremo valor e, por incrível que pareça, quase ninguém procura estar atento e se informar a respeito. Por exemplo, existem diferenças relevantes entre a porcentagem de juros de uma instituição financeira para outra, o que acaba dando margem para que se criem novas oportunidades de negociação para aqueles que possuem suas dívidas concentradas somente em um banco.

Uma dívida pode se tornar mais “cara” ou mais “barata”, dependendo da “cartilha” que segue a instituição financeira para a qual você deve dinheiro. Para fugir das altas taxas de juros, conheço muita gente que transfere suas dívidas de um banco para outro, empregando a chamada “portabilidade de crédito”, na intenção de escapar de maiores danos financeiros.

É comum me procurarem para perguntar o que é a portabilidade de crédito e também para saber se essa pode ser uma saída para o fim do endividamento. Diante desses questionamentos, costumo explicar, numa linguagem simples, que a portabilidade de crédito é a transferência da sua dívida de um banco para outro, com melhores condições contratuais em relação ao que você tinha anteriormente.

Em alguns casos, ao trocar de instituição financeira você estará diminuindo o volume dos juros que tem a pagar, realizando um negócio vantajoso que o ajudará a sair do endividamento com mais eficácia.

Para que fique mais claro, exemplificando a questão, digamos que você tenha feito uma negociação com o seu banco para que todas as suas dívidas fossem englobadas num único pacote a ser quitado em 24 prestações, com juros de 2,5%. No entanto, passado algum tempo, você fica sabendo que um outro banco oferece as mesmas condições, com uma taxa de juros um pouco menor, de 2,0% ao mês.

Diante dessa situação, ao optar pela portabilidade de crédito você estará arcando com menos juros e poderá quitar a sua dívida em menos tempo. Isso nos leva a concluir que, em alguns casos, a portabilidade de crédito pode ser uma saída bem-sucedida para quem quer se livrar do endividamento. Além disso, a burocracia para efetivar esse procedimento é bem simples.

Após escolher a nova instituição financeira com a qual você irá operar e assinar todos os documentos necessários, o novo banco quita seu saldo devedor com o banco original e o valor total da sua dívida é transferido eletronicamente para a nova instituição. Dessa forma, sua dívida passará a pertencer, automaticamente, ao novo banco, de acordo com as condições que você negociou.

Se a sua dívida for de longo prazo, é recomendável que, periodicamente, você faça uma pesquisa para comparar as taxas cobradas pelas instituições. Se encontrar uma boa oferta, com juros mais baixos, refaça a portabilidade quantas vezes forem necessárias, até alcançar o seu objetivo final: livrar-se das dívidas.

No entanto, é fundamental ter em mente que a simples troca de uma instituição financeira por outra não resolverá o problema das dívidas caso você não leve a sério o pagamento mensal delas. Também vale lembrar que, com essa meta alcançada, o melhor caminho para não cair novamente no "atoleiro dos juros cumulativos" é poupar antes e gastar depois. Ou seja, realizar suas compras sempre à vista.

## Quando a negativação é a melhor estratégia

Todos têm medo do grande bicho-papão do mundo das dívidas: a negativação do nome nos sistemas de proteção ao crédito. No entanto, em alguns casos essa acaba sendo a melhor saída para que um novo ciclo se inicie. É aquela velha história: tem gente que precisa chegar ao fundo do poço para tomar impulso e subir novamente à superfície. Voltando à estaca zero, tem-se a chance de começar tudo de novo de um jeito diferente.

A restrição de crédito pode ser transformadora para algumas pessoas. Com o nome negativado, você não poderá mais fazer empréstimos, nem utilizar cheque especial ou mesmo comprar por impulso coisas que não agregam valor nenhum à sua vida. Impossibilitado de fazer tudo isso, você terá uma vontade muito maior de sair da situação em que se encontra. Aliás, essa será a sua única opção, e todas as suas forças estarão voltadas para uma só missão: retomar o comando da sua vida financeira.

Tendo o controle do seu dinheiro, mesmo que no começo seja difícil, você estará dando os primeiros passos na direção de uma nova vida. Ao adotar um regime financeiro severo, você conseguirá fazer uma negociação viável para a quitação das suas dívidas, bem como limpar o seu nome. Com a negativação, as instituições financeiras acabarão por lhe oferecer acordos muito abaixo dos valores que antes propunham, pois temem que você, com o nome na lista de inadimplentes, se acomode e não quite os débitos existentes. E, assim, esse acaba sendo o momento ideal para fazer uma boa negociação.

Nessa hora, é fundamental que você esteja bem consciente de que qualquer parcelamento de dívida é, na realidade, um refinanciamento do valor devido. Por isso, ao fechar a negociação, verifique se os valores e prazos acordados cabem mesmo no seu orçamento.

Fechado o acordo, com um simples parcelamento da dívida o seu nome já poderá sair da negativação. Se houver algum protesto, este também deverá ser eliminado. Além disso, a partir desse momento você começará a pagar mensalmente parte do valor principal das suas dívidas, e não somente os juros.

Dessa forma, podemos concluir que a negativação, em certos casos, pode ser a melhor saída para a reestruturação da saúde financeira de algumas pessoas.

# Atenção às armadilhas

Saia do endividamento para nunca mais voltar.

As ciladas do cartão de crédito e da compra parcelada.

Diga não ao cheque especial.

Você é realmente um consumista?

Dinheiro vivo ou dinheiro eletrônico?

## Saia do endividamento para nunca mais voltar

Como terapeuta financeiro, acompanho muitos casos de pessoas que vivem entrando em dívidas e saindo delas, num vai e vem sem fim. Ao quitá-las, prometem a si mesmas que não cairão novamente na esparrela da impulsividade e, algum tempo depois, voltam a me procurar com o mesmo problema.

Costumo comparar esses casos com o processo de emagrecimento: o sujeito está acima do peso, entra em um regime rigoroso, volta ao peso ideal e, esquecendo-se do sofrimento pelo qual passou, torna a se descontrolar, adquirindo todo o peso que havia eliminado e, às vezes, até mais.

Tanto na alimentação quanto no ato de comprar, há uma questão em comum: o comportamento. Se você já possui maus hábitos alimentares ou financeiros, terá que lutar para se reeducar, pois, caso contrário, jamais será uma pessoa livre para fazer escolhas. Portanto, ao sair do endividamento, faça uma reflexão sobre as causas que o levaram a ele. Detecte as armadilhas em que você caiu e aprenda com a queda para não cair nelas novamente.

Quando enxergamos os nossos vícios comportamentais, conseguimos rever os nossos hábitos e, a partir disso, mudá-los. Uma das armadilhas mais comuns, nesse caso, é a ilusão criada pelo crédito fácil. Quando você encontrar pelo caminho pessoas e instituições adeptas do "fazemos qualquer negócio", desconfie: nenhuma loja financia o computador que você deseja comprar "sem juros".

É muito comum vermos anúncios e propagandas com ofertas imperdíveis de produtos que podem ser parcelados em até 24 vezes, sem juros, no cartão de crédito ou mesmo pelo boleto bancário. Não seja ingênuo: os juros já estão embutidos no valor final do produto. Portanto, antes de fazer uma compra, pergunte sempre: "Qual seria o preço se eu pagasse à vista?".

Muitos estabelecimentos fazem preços diferenciados para quem compra à vista. Nos principais sites de venda pela internet, encontramos dois valores para um mesmo item: o preço do produto parcelado e o preço dele, muito mais em conta, à vista.

É mais vantajoso comprar sem contrair dívidas. Digo isso porque é fundamental que você entenda que prestações e parcelamento são dívidas. Sendo assim, se possível, se esforce para comprar tudo o que deseja à vista. Para fazer isso, é vital cultivar o bom hábito de poupar no seu dia a dia. Incorpore essa prática e realize os seus sonhos com a segurança de que os seus rendimentos futuros não estarão comprometidos. As estratégias financeiras, das quais já falamos bastante, são importantes não só para sair de uma crise, mas também para mantermos o equilíbrio em todos os setores de nossas vidas. E, na prática diária, as palavras-chave na hora de uma compra são: "Quanto custa este produto à vista?".

Diante dessa pergunta direta, o vendedor que o estiver atendendo não terá outra saída a não ser oferecer um desconto. E, caso isso não aconteça, seja firme, recuse a compra e procure outras lojas. Tendo dinheiro em mãos, você é o "dono da bola" e pode jogar onde quiser. Respeite o seu dinheiro e aja como um líder, pois, sim, você é o grande líder da sua vida financeira. Quem tem dinheiro tem poder de escolha, nunca se esqueça dessa premissa.

Para conquistar equilíbrio financeiro e liberdade de ir e vir em nossa sociedade de consumo, você tem que viabilizar a sua independência financeira e, para isso, a grande sacada é sedimentar, desde cedo, a vontade de poupar. A saída para livrar-se das dívidas e ter dinheiro é a mesma, e ela não depende de grandes cálculos matemáticos ou conhecimentos profundos de economia: depende apenas do seu comportamento.

## As ciladas do cartão de crédito e da compra parcelada

É muito comum ouvir as pessoas dizerem que o cartão de crédito é o grande vilão dos endividados. Nos cursos que realizo, os participantes relatam com detalhes os seus dramas que, quase sempre, incluem o fato de que começaram a pagar apenas o valor mínimo das faturas de seus cartões, o que acarreta numa cobrança de juros cada vez mais alta, levando-os à beira do precipício financeiro.

Quando me perguntam se o cartão de crédito é, afinal de contas, o grande vilão do endividamento ou o mocinho facilitador das compras, eu costumo responder que tudo depende da mão que está segurando o cartão de crédito. Ou seja, tudo depende de você.

O cartão de crédito é um meio de compra. A forma como você irá utilizá-lo é que vai determinar se essa será uma via benéfica ou maléfica. E, mais uma vez, bato na tecla do comportamento, dos hábitos e da educação financeira. A responsabilidade pelo consumo e pelo endividamento desenfreados é somente sua; portanto, pense muito bem antes de optar por essa forma de pagamento. Uma das grandes ciladas do cartão de crédito é o valor determinado como limite. Para aqueles que não se controlam, é fundamental que o limite de crédito seja equivalente a no máximo 30% de sua renda líquida.

Parece pouco? Pode ser. Mas tenha certeza de que, mantendo-se dentro desse limite, será muito mais difícil que seu cartão de crédito o leve ao caminho do endividamento.

Por medida de segurança, verifique desde já os valores dos limites de seus cartões de crédito e, caso estejam acima desse percentual estipulado como financeiramente saudável, procure a administradora e solicite uma redução no limite.

Mesmo que eles argumentem em posição contrária, seja firme e exija a alteração. Você, como cliente, tem esse direito. Não permita que o limite ilusório do cartão de crédito programe seu cérebro de forma equivocada, levando-o a incorporar esse valor como um dinheiro seu, pois não é.

Outra coisa com a qual se deve ter muito cuidado é a compra parcelada. Não se engane com o valor das prestações, pois você está adquirindo o valor total e não uma pequena quantia mensal.

Muitas pessoas se perdem nesse raciocínio. Por exemplo, ao adquirir um celular que custa R$ 1.000,00 em 10 vezes, elas acabam imaginando que estão se comprometendo a arcar com R$ 100,00 por mês, valor que não assusta, mas que, no entanto, não corresponde ao valor real da compra.

Para evitar erros desse tipo, é importante lembrar que você está se comprometendo a pagar um produto no valor de R$ 1.000,00. Essa é a quantia real, que pode assustar sim, e muito, dependendo das suas condições financeiras. Portanto, "não jogue a dívida para o universo", é o que eu digo sempre em meus aconselhamentos como terapeuta financeiro.

Hoje você sabe se tem ou não R$ 1.000,00 para comprar um celular; no entanto, daqui a dez meses, você não pode prever que rumo a sua vida irá tomar.

Sendo assim, não se comprometa com algo que possa, lá na frente, se transformar num problema. Dê um passo de cada vez, conforme o tamanho das suas pernas.

Costumo ouvir muitas histórias de pessoas que, por terem um alto limite de crédito e certa compulsão às compras, acabam não conseguindo, no final do mês, quitar o valor total de suas faturas.

Sem saber como resolver a situação, elas acabam optando por pagar um valor menor e, muitas vezes, até o mínimo permitido. E aí é que está a grande cilada.

Sentindo-se mais confortáveis com a "segurança" de saber que poderão sempre pagar um valor menor do que o valor real, essas pessoas passam a alimentar esse hábito nada saudável, que termina por conduzi-las para a areia movediça dos juros sobre juros. Contentes por pagar a fatura sempre na data correta, elas adotam o valor mínimo como um valor real, o que não pode jamais acontecer. Essa é a forma mais fácil de se enganar.

De repente, você se vê envolvido numa dívida gigante que estava ali crescendo em silêncio, encoberta pela ilusão de que ao quitar a parcela mínima você estava em dia com as suas responsabilidades. Há quem faça ainda pior: quando percebem que o limite do cartão foi excedido, algumas pessoas passam a consumir num segundo cartão e, mais adiante, num terceiro e assim sucessivamente.

Por isso, eu sempre recomendo: tenha no máximo dois cartões de crédito, com datas de vencimento alternadas entre o início e o meio do mês, caso você tenha duas entradas de renda no seu orçamento. Se esse não é o seu caso, conscientize-se de que você precisa de apenas um cartão, com limite máximo de 30% da sua renda e uma boa data de vencimento. O resto é armadilha!

## Diga não ao cheque especial

A linha de crédito que mais mexe com a cabeça das pessoas, segundo minha experiência como educador financeiro, é o cheque especial.

O nome em si já é uma armadilha, onde pode-se ler "temos algo especial para você". Ele esconde o real significado da expressão, que é "temos uma dívida especial para você".

Quando pergunto para as pessoas se elas usam o cheque especial com frequência, a maioria responde que sim. Se eu questiono sobre quanto elas imaginam que já pagaram de juros pelo uso dessa linha de crédito em toda a vida, não obtenho uma resposta nem aproximada.

Se eu reduzo a pergunta para o valor pago em juros no último ano, ainda assim as pessoas não sabem me dizer. O que observo é que há um tremendo analfabetismo financeiro em nossa sociedade.

A maior parte das pessoas não consegue me explicar como funciona o sistema de crédito que o cheque especial utiliza, mas, mesmo assim, adotam-no como salva-vidas praticamente todo mês.

Quando as pessoas usam o dinheiro do cheque especial sem ter noção do que, de fato, estão desencadeando, elas atraem para si um grande risco. Você atravessaria uma ponte sem saber onde ela vai dar? Imagino que não. Pois é a mesma coisa.

Em poucas palavras, o cheque especial é uma linha de crédito pré-aprovada, que fica à disposição do correntista e pode ser utilizada a qualquer instante. É um crédito fácil, muito fácil.

No entanto, veja bem, você deve considerar que o banco não está cedendo uma quantia de dinheiro assim tão prontamente porque ele é muito legal com seus clientes. Trata-se de um negócio em que ele emprestará determinado valor e, depois, cobrará por isso com os juros que constam em seu contrato. Esses juros são proporcionais à quantia que você utilizou e ao número de dias que você demorou para repor.

Parece simples, mas não é. Grande parte das pessoas que faz uso do cheque especial não consegue calcular de cabeça o custo desse empréstimo. Seria o equivalente a contratar um serviço sem saber ao certo quanto se vai pagar por ele. Pensando assim, não é estranho que tanta gente seja adepta dessa linha de crédito?

O que acontece é que a taxa de juros do cheque especial varia de acordo com as medidas econômicas adotadas no país e cada banco possui o seu percentual, ou seja, não existe uma padronização no contrato dessa linha de crédito.

O cheque especial é um empréstimo muito fácil de tomar, porém, extremamente complicado de calcular. Os juros, difíceis de prever, acabam sendo debitados direto em sua conta-corrente, passando quase que despercebidos.

É primordial que você incorpore o seguinte pensamento: esse dinheiro não é seu e quando você o tira da conta, cada dia que passa sem reposição, os juros estão correndo numa velocidade bem maior do que a entrada de rendimentos no seu orçamento.

Usando como exemplo um caso muito comum entre as pessoas: o sujeito é um assalariado, trabalha 12 meses e recebe 13 salários; porém, acaba por ter em mãos somente a quantia referente a 11 salários. O restante é devorado pelos juros de seu cheque especial. Será que isso é um bom negócio?

Ninguém faz esse cálculo; no entanto, como podemos perceber, se você tem um rendimento mensal que se equipara ao limite do seu cheque especial e faz uso dele sempre que pode, isso significa que a cada oito meses você está dando praticamente um salário mensal à sua instituição financeira.

Olhando dessa forma, dá até medo de ter o tal cheque, "tão especial", não é mesmo? Pois então aproveite o seu estado de perplexidade e procure o seu gerente. Peça a ele que retire a opção desta dívida que está atrelada à sua conta corrente. Sem ter um acesso tão fácil ao empréstimo, você acabará sendo forçado a adiar alguns gastos ou mesmo pensar em outras soluções que não o cheque especial para contornar suas necessidades financeiras até porque, de especial e benéfica essa linha de crédito não tem nada.

## Você é realmente um consumista?

Uma das principais causas do endividamento é a compulsão pela compra. Assim como a gula é condenada por não fazer bem à saúde, o consumismo desenfreado também deveria ser combatido, visto que é tão prejudicial quanto a disfunção alimentar – ou até mais.

A maior parte das pessoas, bombardeadas constantemente pela publicidade voltada aos apelos de compra, acaba consumindo tudo o que vê pela frente.

No entanto, quem muito compra, muito deve. Tem gente que vem argumentar comigo: "Mas, Reinaldo, compras não são necessariamente dívidas". Se aprofundarmos um pouco essa discussão, é possível analisarmos que toda compra já vem com juros embutidos no parcelamento.

E mais: se você não tiver dívidas sem valor para quitar mensalmente, terá muito mais dinheiro para investir numa dívida de valor, apostando na ampliação do seu patrimônio ou da sua capacitação profissional, entre outras possibilidades nesse sentido.

Muitas pessoas atrasam a prestação do apartamento ou a mensalidade da faculdade, porém são sempre vistas com roupas e sapatos novos da grife do momento ou bancam jantares em restaurante de luxo, queimando assim os recursos financeiros que poderiam estar sendo destinados às faturas de suas dívidas de valor.

A esta altura, você deve estar se perguntando aonde eu quero chegar com tudo isso. Estou tentando mostrar que a febre de consumo é a coqueluche da sociedade atual e que, se você não estiver imune a ela, poderá ser a próxima vítima do endividamento – se já não o é.

Existem casos alarmantes, como aquele em que o sujeito se vê obrigado a devolver o carro cujas prestações não consegue mais bancar ou, pior, tem que penhorar seus bens como garantia de que irá honrar com compromissos financeiros que estão muito acima de suas condições reais.

Se você está passando por uma circunstância parecida, puxe o freio de mão e dê uma pausa na sua vida. Reveja seu comportamento, olhe-se no espelho e encare a realidade. Talvez você tenha passado de consumidor a consumista, sem perceber, e isso esteja levando a sua vida financeira para um buraco do qual você não consegue sair.

Para auxiliar no controle da compulsão ao consumo, tente, antes de realizar uma compra, se fazer as seguintes perguntas:

**Eu realmente preciso desse produto?**

**Que benefício ele vai trazer para a minha vida?**

**Se eu não comprar isso hoje, o que acontecerá?**

**Estou comprando por necessidade real ou movido por sentimentos, como carência ou baixa autoestima?**

**Estou comprando por mim ou influenciado por outra pessoa?**

**Eu já queria isso há algum tempo ou, de repente, ao ver uma propaganda tentadora, resolvi que precisava realizar essa compra?**

Exercendo essa reflexão positiva, eu já lhe fiz pensar duas vezes antes de ceder ao impulso de comprar. Se ainda assim você se mantiver firme no propósito de realizar a aquisição do produto em questão, considere ainda mais outras questões importantes antes de efetivar a compra:

**De quanto eu disponho, de verdade, para gastar com algo este mês?**

**Tenho dinheiro suficiente para comprar à vista?**

**Precisarei comprar a prazo e pagar juros?**

**Terei, com certeza absoluta, o valor para pagar as parcelas subsequentes?**

**Preciso do modelo mais sofisticado e da marca mais cara ou um produto similar, mais básico, atenderia perfeitamente à minha necessidade?**

Com essas questões em mente, tente readequar a sua compra, estudando o melhor custo-benefício e fazendo o possível para quitá-la à vista, não protelando nenhuma responsabilidade para seus rendimentos futuros.

Mantenha os pés no chão e esteja atento para que o ato de consumir seja algo pensado e não uma atitude tomada num impulso.

## Dinheiro vivo ou dinheiro eletrônico?

Muitas pessoas costumam me perguntar o que é mais vantajoso, andar com "dinheiro vivo" ou pagar as despesas com cartão de crédito ou débito.

Se pensarmos na questão da segurança, o mais recomendável é fazer uso do chamado "dinheiro eletrônico". No entanto, nem todo mundo sabe utilizar esse meio de pagamento da forma como deveria.

O dinheiro eletrônico é uma maneira muito mais segura de transitar com seus rendimentos pelas ruas e estabelecimentos comerciais do que o dinheiro vivo. Mas é preciso ter em mente que aquele cartão de plástico carrega apenas o valor monetário que você realmente tem no banco. Ao passar o cartão na maquineta, você não vê o dinheiro saindo da sua conta como acontece quando fazemos um saque no banco.

As cédulas são mais palpáveis e visíveis, elas nos levam a sentir que estamos gastando o dinheiro, transferindo-o para outras mãos. Já o cartão de débito não nos causa essa sensação tão real.

O de crédito, então, nem se fala! Por isso, é fundamental que você tenha o controle dos valores que estão na sua conta-corrente para usar o dinheiro eletrônico com cautela e sabedoria.

Aí você me pergunta: "Reinaldo, devo usar então somente o cartão de débito e aí estarei seguro?". E eu lhe digo que você terá mais tranquilidade nesse uso se não possuir, atrelado à sua conta-corrente, um limite de cheque especial.

Se você tiver limite de cheque especial, o perigo será o mesmo do cartão de crédito, pois esse valor é também um dinheiro ilusório, um dinheiro que não é seu, mas que, por estar lá, disponível, associado ao seu saldo bancário, causará sempre a sensação de que você pode gastá-lo.

Os juros cobrados pelo uso do cheque especial são relativamente mais baixos do que os juros do cartão de crédito, porém não se iluda: ele é, na verdade, um empréstimo diário que você faz com o banco.

E a situação fica mais crítica ainda quando você cai no vício de utilizá-lo todo mês e se torna dependente daquela quantia fixa que, lembrando mais uma vez, não é sua.

Se você é o tipo de pessoa que tem dificuldade em manter o controle da sua vida financeira, o mais recomendável é ter uma conta-corrente sem contrato de cheque especial, mantendo nela os seus rendimentos de uso mensal. Quando não houver mais dinheiro na sua conta-corrente, o seu cartão não será aceito ao passar na maquineta e, assim, você não conseguirá gastar mais do que pode naquele momento. Dessa forma, você estará mantendo as rédeas curtas das suas finanças pessoais, fugindo de um possível desequilíbrio financeiro.

Essas medidas ajudarão a evitar que uma ilusão de óptica o tome por completo, o que acontece com grande parte das pessoas: enxergar o dinheiro do banco como um dinheiro seu.

Se você insistir nesse caminho, a única coisa que irá conquistar são mais e mais dívidas.

# Luz no fim do túnel

Quando e por que o apoio da família é fundamental.

Você não é o único a passar por essa situação.

Aprenda a viver com os rendimentos que possui.

## Quando e por que o apoio da família é fundamental

Para que você possa colocar em prática as estratégias com as quais pretende sair das dívidas bem como promover uma reestruturação nos seus hábitos financeiros, conforme já falamos, é preciso reunir a família e apresentar os problemas para que todos possam participar do processo de retomada da sua saúde financeira.

Muitas vezes, dentro de casa, os outros integrantes não colaboram com o aperto financeiro que você está propondo e, em alguns casos, o motivo é a falta de comunicação. Portanto, o meu conselho é que você reúna todos os seus familiares num ambiente agradável, com um lanche à disposição, e proponha o compartilhamento de ideias e experiências.

As crianças também podem ser incluídas na ocasião e, para quem divide a moradia com amigos, sugiro o mesmo. Quando as pessoas trabalham em grupo, são várias cabeças pensando e muitas mãos para executar as estratégias, ou seja, qualquer plano fica muito mais fácil e todo objetivo se torna mais próximo de ser alcançado. Para iniciar a conversa, o melhor tema são os sonhos.

É preciso que todos entendam que, ao retomar o equilíbrio financeiro, alguns desejos que custam dinheiro podem, aos poucos, ser realizados. E se a situação econômica da casa estiver crítica, talvez o grande sonho comum a todos seja reverter esse quadro.

Mostre o quanto cada um pode contribuir, reduzindo gastos e excessos, eliminando o consumo de produtos supérfluos, pesquisando preços antes de fazer uma compra, estando atento a cada despesa realizada, trocando marcas mais famosas e caras por outras similares, cuja diferença na qualidade é mínima. Explique com tranquilidade a diferença entre as dívidas de valor e aquelas que não possuem valor algum.

Mostre que para se livrar das dívidas sem valor é preciso que todos assumam o compromisso de reduzir o consumo total da casa, mesmo que para isso tenham que abrir mão de certos luxos ou regalias. Por exemplo, aqueles que contam com os serviços de uma secretária do lar fixa poderiam cogitar a possibilidade de ter uma diarista que cuidasse dos afazeres uma vez por semana, sendo as demais demandas da casa distribuídas entre seus moradores. A lógica é que se todo mundo fizer uma parte, o todo será assegurado, num esquema colaborativo e mais econômico.

E para as famílias que já contratam uma faxineira uma vez por semana, por que não pensar em combinar um novo acordo em que o trabalho possa ser feito quinzenalmente? Lembrando que essas medidas são temporárias, afinal você tem dívidas e precisa sair delas para voltar a ter condições de manter uma vida um pouco mais confortável.

O que eu quero dizer com tudo isso é que o consumo de uma casa sempre pode ser reduzido. Perceba que em nenhum dos dois casos eu impus que o serviço de limpeza fosse eliminado. O meu conselho aponta sempre para a redução, que é uma medida que, com bom senso, é possível de ser feita e traz resultados satisfatórios.

Em muitos casos, as pessoas se apegam a pequenos costumes e não conseguem mais se desprender deles. Dessa forma, vão se acostumando a ligar para a pizzaria cujo telefone está fixado na porta da geladeira; se afeiçoam a determinada marca de sabão em pó e não se permitem experimentar uma semelhante, que seja mais em conta; e por aí vai.

Esses comportamentos precisarão ser combatidos com determinação para que você se livre das dívidas. Para que essa caminhada tenha êxito é de extrema importância que toda a família, principalmente as pessoas que moram na sua casa, estejam engajadas nas pequenas e nas grandes mudanças que todos deverão fazer para que um desejo em comum possa se realizar: o equilíbrio financeiro e a realização dos sonhos, sejam eles individuais ou coletivos.

## Você não é o único a passar por essa situação

Atualmente, no Brasil, pesquisas indicam que mais de 80 milhões de pessoas encontram-se endividadas, e a tendência é que esse número aumente ainda mais. Diante das prospecções para os próximos anos, ou a população se reeduca financeiramente ou veremos, muito em breve, a instauração de um caos generalizado.

As pessoas criaram o hábito de comprometer seus rendimentos por longos prazos, tornando-se reféns de prestações a perder de vista. O brasileiro não aprendeu ainda a se organizar financeiramente, poupando antes para gastar depois. Essa prática controversa de comprar sem ter dinheiro leva muitas pessoas a serem fisgadas pelas facilidades de crédito, das quais lançam mão sem saber muito bem quais serão as consequências dessa escolha.

Esse problema não se restringe somente ao Brasil. No mundo todo existem países cujas economias entraram em desequilíbrio, refletindo o despreparo de seus cidadãos no que se refere às finanças pessoais. Quando houve a crise nos Estados Unidos, por exemplo, vimos grande parte dos norte-americanos endividada.

Depois dos Estados Unidos, o mal se espalhou por toda a Europa. Eles viviam, e vivem até hoje, envolvidos em financiamentos de todos os tipos. Em alguns casos, situações limite como faturas de cartões de crédito recheadas de produtos supérfluos, parcelados em doze meses, cujos débitos não foram quitados no vencimento. Com a crise norte-americana, instalou-se no país o desemprego e a população, sem ter como manter o pagamento em dia dos bens adquiridos a prazos extensos, acabou perdendo tudo.

O que podemos perceber com tudo isso é que o analfabetismo financeiro existe não só dentro da sua casa, no seu bairro, na sua cidade ou mesmo no seu país. O problema do consumo inconsciente, da adoção de maus hábitos financeiros e do endividamento é global.

Em 2010, o governo brasileiro assinou o Decreto 7.937, que instituiu a ENEF – Estratégia Nacional de Educação Financeira –, cuja proposta é estimular a população a cuidar melhor da sua saúde financeira. A ideia é promover um reaprendizado no que se refere ao consumo, de maneira que ele seja feito responsavelmente.

Portanto, seja esperto e busque formas de se educar financeiramente. Reúna a família e passe a trabalhar formas de conscientização e restauração da saúde financeira dentro de casa. Para isso, existem cursos, consultorias e livros que podem ajudar bastante.

## Aprenda a viver com os rendimentos que possui

O endividamento é algo que acontece mais ou menos como a formação de um imenso iceberg. Ambos crescem na surdina, silenciosamente, e, com o passar do tempo, saltam aos nossos olhos numa dimensão assustadora. Num primeiro momento as pessoas costumam enxergar apenas a ponta do iceberg, porém essa é uma visão míope do problema.

Achar que é preciso ganhar mais dinheiro para ter menos dívidas não faz sentindo. O combate sob essa ótica é ineficiente. Na prática, o que acontece é que se você não adotar comportamentos mais saudáveis em relação ao seu dinheiro estará endividado de qualquer forma, seja o seu rendimento equivalente a R$ 1.000,00 ou R$ 10.000,00 por mês.

Algumas pessoas conseguem ter uma visão um pouco mais ampliada da situação, porém, ainda assim, a dimensão que atribuem ao problema do endividamento é mediana. Elas vivem presas a números e estratégias matemáticas e pregam o uso de calculadoras e planilhas financeiras para, numa organização metódica, controlarem o risco das dívidas. Pode ser até que não contraiam dívidas, mas por outro lado não contarão com grandes crescimentos econômicos em suas vidas para a realização dos sonhos.

O fato é que, desde os tempos mais remotos, não houve uma orientação passada de pai pra filho ou uma lição aprendida nas escolas ou nos livros que pudesse instruir as gerações sobre a importância da educação financeira quando se fala na realização dos sonhos. Sem saber como lidar com o próprio patrimônio, muitas famílias foram à falência ao longo dos anos, arrastadas pelo endividamento. No entanto, hoje temos a chance de fazer diferente e não podemos desperdiçá-la.

Como professor e terapeuta financeiro, posso afirmar que para cada caso, mesmo aqueles que parecem mais graves, existem saídas. As soluções vão depender do empenho de cada um em querer, de verdade, reestruturar a forma de lidar com as finanças. O segredo não está em ganhar mais dinheiro e sim no comportamento que você tem ao lidar com os rendimentos que já possui. Pense nisso!

Se você está enxergando apenas a ponta ou a parte mais visível do iceberg do endividamento, é chegada a hora de abrir os olhos. Lute para enxergar além e alcançar o todo da questão, mudando hábitos e comportamentos, a fim de reverter a sua história e facilitar os caminhos da vida financeira das próximas gerações.

Juntos podemos criar um futuro no qual as pessoas

tenham como rotina o ato de poupar dinheiro antes de sair por aí gastando, tendo assim uma vida financeira mais sustentável e tranquila. Eu faço a minha parte nesse sonho coletivo disseminando a educação financeira em sala de aula e nos livros que escrevo. Você pode começar a fazer a sua, repassando todos esses ensinamentos aos seus amigos e familiares, além de aplicá-los em sua própria vida, é claro.

Portanto, mãos à obra!

# DSOP Educação Financeira

Disseminar o conceito de Educação Financeira, contribuindo para a criação de uma nova geração de pessoas financeiramente independentes. A partir desse objetivo foi criada, em 2008, a DSOP Educação Financeira.

Presidida pelo educador e terapeuta financeiro Reinaldo Domingos, a DSOP Educação Financeira oferece uma série de produtos e serviços sob medida para pessoas, empresas e instituições de ensino interessadas em aplicar e consolidar o conhecimento sobre Educação Financeira.

São cursos, seminários, workshops, palestras, formação de educadores financeiros, capacitação de professores, pós-graduação em Educação Financeira e Coaching, licenciamento da marca DSOP por meio da rede de educadores DSOP e Franquia DSOP. Cada um dos produtos foi desenvolvido para atender às diferentes necessidades dos diversos públicos, de forma integrada e consistente.

Todo o conteúdo educacional disseminado pela DSOP Educação Financeira segue as diretrizes da Metodologia DSOP, concebida a partir de uma abordagem comportamental em relação ao tema finanças.

No portal DSOP Educação Financeira (www.dsop.com.br) você encontra mais informações sobre a Metodologia DSOP, simulações, testes, apontamentos, orçamentos e planilhas eletrônicas.

# Reinaldo Domingos

Reinaldo Domingos é professor, educador e terapeuta financeiro, presidente e fundador da DSOP Educação Financeira e da ABEFIN – Associação Brasileira dos Educadores Financeiros. Publicou os livros Terapia Financeira; Eu Mereço Ter Dinheiro; Livre-se das Dívidas; Ter Dinheiro não tem Segredo; O Menino do Dinheiro – Sonhos de Família; O Menino do Dinheiro – Vai à Escola; O Menino do Dinheiro – Ação entre Amigos; O Menino e o Dinheiro; O Menino, o Dinheiro e os Três Cofrinhos; e O Menino, o Dinheiro e a Formigarra.

Em 2009, idealizou a primeira Coleção Didática de Educação Financeira para o Ensino Básico do Brasil, já adotada por diversas escolas brasileiras.

Em 2012, criou o primeiro Programa de Educação Financeira para Jovens Aprendizes, já adotado por diversas entidades de ensino profissionalizante, e lançou o primeiro Programa de Educação Financeira para o Ensino de Jovens e Adultos – EJA.